マンガでわかる

保育の禁句 保育の名句

豊田君夫

黎明書房

はじめに

言葉は、子どもの成長に大きな影響を与えます。つまり、言葉は子どもにとって「環境」の一つ。そう考えると、不用意に、子どもに向けて言葉を発することは控えねばなりません。

本書は、主に、幼児とのかかわりの中で保育者が発しがちな言葉を、具体的な場面とともに紹介しています。

まずは、最後まで読みながら、子どもの姿や保育シーンを思い浮かべてみてください。そうすれば、今まで普通に、無意識に発していた言葉の重みを改めて感じることでしょう。

そして次に、自分自身の言葉かけを振り返ってみてください。何気なく使ってきた言葉が、子どもが意欲をなくしたり、心を閉ざす原因になる可能性があることに気づくかもしれません。

また、一人の子どもに向けた言葉でも、そのまわりで耳にしている子どもが必ずいるということも意識してほしいと思います。

あなたの言葉かけが、子どもたちの心に届き、子どもたちの成長の後押しとなることを願っています。

もくじ

1章 幼児の特性を理解する

2章 子どもを認める、受け止める

3章 子どものしつけを考える

1章 幼児の特性を理解する

01 あれ、それだけなの

ある日のこと、一人の三歳児の女の子が「先生、私、ものすごいことができるんだよ。来て見て」と私を連れにきました。その子は、鉄棒へ私を連れていき、鉄棒に両手でぶら下がり、少しして鉄棒から手を離して降りました。それから「ね、ものすごいでしょう」と目を輝かせて言いました。

私は、「あれ、それだけなの?」と答えました。本人が「ものすごい」と言うので、三歳児なりの何かをするだろうと期待していたからです。その後担任から、その子が今まで触れることもしなかった鉄棒に、二〜三日前からぶら下がるようになったという話を聞きました。その子にとっては、鉄棒にぶら下がることが「ものすごいこと」だったのです。そして、そこで「すごいね」と共感できなかったことを深く反省しました。

子どもたちは、何かにつけては保育者の所へやってきます。休みの日に家族で遊園地に行ったことを話してくれたり、砂場できれいな石を見つけたと見せにきたり、自分が描いた絵や作った物を「見て」と持ってきます。

このときの子どもには、人と心を通わせる喜びが期待されています。それが、どのようなこと、どのようなものであっても、その中の子どもの心を見逃さないことが大切です。

すごいのができたよ
家だよ
すごい！また見せて!!
もっとすごいのを作るぞー

こんな言葉を！

「すごいね。また、見せてね」

「よかったね。また、聞かせてね」

02 あいさつはきちんとしましょう

園では毎日、「おはようございます」とあいさつをするでしょう。帰るときには「さようなら」とあいさつを交わしますね。しかし、そのあいさつが、先生が言うから言う、親が言いなさいと言うから言うというのでは身につきません。最近、大人になってもあいさつができない人が増えているように感じますが、それはあいさつがきちんと身についていないからだと思われます。

あいさつを身につけるために大切なのは、言葉の中に気持ちのあいさつが含まれているかどうかです。登園することが楽しくて、先生に会うことがうれしい子が「おはよう」と言えば、その言葉の中には子どもの気持ちが込められています。そこから考えると、入園当初は「あいさつはきちんとしましょう」と言わなくても、気持ちのあいさつができればよいように思います。

朝、登園してきて顔を見合わせたとき、にこっと笑顔をつくる子がいます。何も言わず、手を振りながら入ってくる子もいます。先生のお腹《なか》を突っつく子、中にはキックをする子や舌を出す子もいます。

その子どもたちは、言葉のあいさつより行動のあいさつのほうが気持ちに合っているのです。先生がにこやかに「おはよう」のあいさつを返していれば、やがて言葉が出てくるでしょう。その言葉のあいさつは自分の気持ちから出たものですから、きっと身についたあいさつになることでしょう。

こんな言葉を！

「おはようございます」

あいさつが返ってくるのを急がずに待ちましょう。

03 このスイカ、おいしいね（禁句か名句か）

四歳児の男の子が、スイカの絵を描いて見せにきました。「おいしそうなスイカだね」と、私はその絵を持って、食べるまねをしました。口から種を片手に軽く吹き出すゼスチャーも加えました。その絵に種は、一つも描いてなかったのですが……。「ああ、おいしかった。このスイカは甘かったよ。ありがとう」と絵を返すと、その子はうれしそうに戻っていきましたが、しばらくすると、またさっきの絵を持ってやってきました。今度はスイカに、黒い種がたくさん描いてありました。

また別の年、ある女の子が、スイカの絵を持ってきて私に見せました。前のときと同じようにスイカに種は描いてありませんでしたが、私はスイカを食べるまねをして、口から種を片手に吹き出して見せました。

すると、その女の子が言いました。「そのスイカ、種なしスイカだよ」「えっ、種なしなの?」。一瞬の後に、二人は顔を見合わせて大笑いをしました。

幼い子どもの気持ちを理解し、明るく伸びてくれることを願って対応する中で、子どもとの信頼関係が深まっていきます。この場合の「このスイカ、おいしいね」。名句か禁句か、どちらでしょう。

こんな言葉を！

何も言わなくても、一緒に笑って、おしまいにしてよいのでは。無言の指導もあるように思います。

04 「さよなら」を言いなさい

三歳児で、やや発達遅れの男の子が入園してきました。ほとんど言葉を発しないうえに、多動で、話しかけると駆けていってしまい、とりつく島がないという感じでした。

私が園庭を歩いていると、うしろから押す子がいます。振り返るとその子だったのですが、ほんのちょっとの接触で離れていってしまいました。その後、ときどき、その子は私のうしろを押しました。そんなことが続いていたある日、その子は私をうしろから二、三メートル押し続けました。その距離は一日ごとに長くなりました。つまり一日一日と、私との接触の時間が長くなっていったのです。そして、ついにその子は少しだけ笑い顔を見せました。私は、二人の関係がさらによくなっていくことを期待しました。

ところが、突然その子の転居転園が決まったのです。あとひと月で退園すると聞き、私は失望しました。そんなに短い時間では何もできない。ただ、その子の将来の幸せを願うのみでした。

いよいよ退園間近のある日、私が鉄棒に手をかけて二、三人の子とおしゃべりをしていると、その子は、ゆっくり私の所へ近づいてきました。そして黙って、鉄棒に手をかけていた私の手の甲に、そっと触れました。そして何も言わずに離れていきました。

さよならの
気持ち
伝わったわよ

こんな言葉を！

「さよならを言いなさい」

と言うべきでしょうか。それは違うと思います。

05 どうしたの、元気出すのよ

一斉活動では、全体の指導に重点が置かれがちです。そのため、一人の子どもが何となく元気がなかったり、動き出さないでぼーっとしていたり、あるいは普段おしゃべりなのに口数が少なかったりすると、保育者は「どうしたの、元気出すのよ」と言ってしまうことがあります。

熱があるとか、頭が痛いなどの症状がある場合は、保健室で横にして休ませるなどの処置をとることになるでしょうが、はっきりした症状がないからといって「どうしたの、元気出すのよ」で済ますのはいかがなものでしょうか。子どもは心も体も状態がよければ、明るく元気に行動します。ですから、そうでないということは何か原因があるのです。

元気がないのは発熱の前ぶれということもあります。あるいは前日、風邪気味だとか下痢気味だとかで寝込み、病みあがりの登園という場合もあります。保育者は、普段から子どもの体質や平熱を把握しておくのはもちろん、保護者と密な連絡を取り合い、子どもの家庭での様子を知っておかなければなりません。いずれにしても、子どもの健康状態、心理状態ともに、甘く考えて見過ごしてはいけません。

こんな言葉を！

「少し、保健室で、横になろうか」

子どもがいやがるなら検温だけして、様子を見ましょう。

06 早く片づけて

いくら子どもたちが楽しく熱中してあそんでいても、帰る時間が近づけばあそびを終わらせ、片づけをしてもらわなければなりません。三歳児や四歳児だと、保育者に言われたからといって、ただちにあそびをやめられない子は多いものです。五歳児は、もっとあそんでいたいという気持ちは同じですが、片づけ始めなければならないことも理解できるようになってきます。

ある雨の日のことです。室内あそびをしていて、相当散らかったところで片づけの時間になり、保育者が片づけるように言いました。すると、子どもたちが相談を始めました。そして一人の子が「先生は外にいて、『もういいよ』って言ったら入ってきて」と言いました。保育者は、「早く片づけてね」と言ってから部屋の外に出ました。

子どもは、ドアをピタッと閉めました。どういうことになるのやらと、保育者は腕時計を見ながら待ちました。十分ほどが過ぎたころ、「もういいよ」という子どもの声とともにドアが開きました。部屋の中へ入って、保育者は驚きました。部屋中がきれいに片づいているうえに、子どもたちはいすを円形にならべて全員が腰かけているではありませんか。保育者は感激しました。

子どもたちは自分で、ここまでやれるのです。

こんな言葉を！

「何が始まるの。
先生を驚かさないでね」

明るい表情で言いましょう。

何が始まるの？
いいから
いいから
驚かすくらいきれいにしよう!!
おー!!

07 水運びは交替するのよ

数人の五歳児が砂場の全面を使って山や川や池を作っていました。一人の子が大きなバケツを持って、十五メートルほど離れた水道の蛇口まで行ったりきたりして水を運んでいました。保育者は「水運びは交替するのよ」と言葉をかけようとしましたが、タイミングを失い、何も言いませんでした。やがて一人の子が「できたぞー」と言い、ほかの子どもたちも「やったー」と歓声をあげました。砂場には三つの山と川、そして池ができていました。水を運んだ子が一人だけでしたので、水の量が追いつかず、水がたまっている池はほとんどありませんでした。

さて、翌日。また前日の仲間が集まり、砂場あそびが始まりました。昨日一人で水運びをした子が「昨日、水運びをしたから、今日はいやだよ」と言いました。仲間はそれを認め、今日はほかの子が水を運ぶことになりました。今日は昨日より水をたくさん運ぼうと、二人の水運び役が決まりました。

あそびのルールは、大人が考えたり助言するのではなく、子どもが自分たちで相談して決めるのが最もよいことではないでしょうか。そのルールが大人から見て不公平であったり不完全であったりしても、子ども自身がつくったことを重視すべきでしょう。子どもたちがしだいに成長発達すれば、必ずルールは、よりよいものに改良されていくはずです。

一人で
だいじょうぶ
昨日は
タケシ
くんが
やって
くれたから
みんなの
ルールが
あるのね

こんな言葉を！

「一人で水を運んで、
だいじょうぶなの」

言葉かけへの子どもの反応次
第で助言しましょう。

08 歌はこれでおしまいよ

歌をうたうということは楽しいことです。子どものときにうたう楽しさを知ってもらいたいと思います。保育者が楽しく歌を口ずさんだり、友だちと一緒にうたう楽しい雰囲気の中で、しだいに歌の楽しさを伝えていきましょう。

「はたけのポルカ」（ポーランド民謡・峯陽訳詞）という歌があります。一番は〝いちばんめのはたけにキャベツをうえたら、となりのひつじがムシャムシャたべた。はたけのまわりでポルカをおどろう。ひつじをつかまえてポルカをおどろう〟という歌詞で、五番まであります。

楽しく覚えやすい歌なので、五歳児は、すぐに覚えてしまいました。「歌は、これでおしまいよ」と保育者が言うと、「もっと歌いたい！」と子どもたちが言いました。そして、六番、七番、八番、九番まで、子どもたちが歌詞を考えました。九番は〝きゅうばんめのはたけにバナナをうえたら、おおきなゴリラがバシャバシャたべた（以下略）〟という歌詞です。四歳児が「お空はきらきら」（別所みこ作詞・渡辺茂作曲）という歌を三番から一一番まで作った事例もあります。

歌の楽しさを知ったとき、子どもたちはこんなにもすてきな力を発揮するのです。

歌はそろそろおしまいにしよう
次は32番を作ろう！
♪枯れた枯れたチューリップの花が～

こんな言葉を！

「歌はこれでおしまいだけど、続きを作ってみようか」

子どもたちがその歌を好きになったとき、ぜひ。

09 先生の後ばかりついてないの

いつでも保育者から離れないで、後をついてばかりいる女の子がいました。自由あそびの中で保育者は、子どもたちの安全を確かめたり、「先生、見て」と声がかかったり、「紙を出して」と求められたりと、忙しく動きまわっているのですが、その子はうしろを離れませんでした。保育者が急いで駆け出したりして、後について行かれなくなると、立ち止まったままメソメソと泣きました。保育者は「先生の後ばかりついてないの」と言いましたが、行動は変わりませんでした。

あまりにも極端なので、家庭での様子を保護者に聞いてみたところ、女の子はお人形さんのように周囲の大人からかわいがられ、過保護に育てられていることがわかりました。衣服の着替え、靴の着脱、すべて親がやり、食事も口に運んでいました。通園の持ち物も親が持ってあげていました。

このままでは精神的に自立できないので、家庭に次の二点をお願いしました。まず、自分でできることは自分でやらせ、できたときにはそれを認め、できた喜びを親子で共感すること。次に、何か欲しいという物質的要求をただちにかなえることはせず、「パパと相談してからね」とか「明日買ってあげるからね」など、待つことや忍耐力を習慣づけること。そして園では、女の子の興味のありそうなことを探し、楽しく過ごしたり、ほかの子どもとあそぶ機会をつくるように心がけました。

こんな言葉を！

「先生が見ていてあげるから、やってみて」

少しずつ、何でもよいので行動化させせましょう。

自分ではいてみて
見ていてあげるから
うん
ついてこなくなったわね

10 あなただけよ、泣いているのは

入園後、泣き続けていた子が収まったころに、泣き始める子がいます。親の期待に応えて、泣くまいとがんばってきたけれども、我慢ができなくなったのかもしれません。あるいは、園は楽しいところと期待をしていたけれど、それほど楽しくないと感じたのか、または、体調をくずして不安定になっているのかもしれません。こうした一時的な不安定の時期を過ぎても、なお泣いてばかりの子がいると、「あなただけよ、泣いているのは」と保育者は言いたくなります。

ある女の子には、子うさぎをひざの上に置いてあげました。ぬいぐるみのように可愛くおとなしい子うさぎでしたので、その女の子はすっかり気に入って、一日中動かずに抱いていました。そして、子うさぎを抱くのを楽しみに、元気に登園するようになりました。

また、ある男の子は、自分のハンカチを持ち出して口にくわえました。そうすると気持ちが安定するようでしたので、同じハンカチを一枚預かって、園に置いておきました。

子どもの気持ちを安定させるには、いろいろな方法があります。とくに入園当初は、個々に適した方法をできる限り受け入れてあげることが大切だと感じます。

こんな言葉を！

「こっちへいらっしゃい」

優しく声をかけ、ひざにのせて、安定させます。

11 何を描いたのかわからないね

子どもの絵が、何を描いたかわからないことはよくあります。そんなとき、「何を描いたのかわからないね」と言ってしまうことはありませんか。強い言い方でなくても、子どもは否定されたと受け取り、描くことに対する姿勢が消極的になってしまう危険性があります。

特に、三歳児前後のなぐり描きのころには、その発達段階を認め、十分になぐり描きを楽しませることが、次の段階へ進むうえでも大切です。そのころに、描くことの楽しさや喜びを知ることが、描画の世界への望ましい出会いとなり、よいスタートとなります。もちろん、子どもの発達には個人差がありますから、四歳児でも五歳児でも、なぐり描きを楽しんでよいのです。

この段階で大切なのは、子どもがいかに楽しく喜びに満ちて生き生きと描いたかどうかであり、何を描いたのかがわかるかわからないかは、まったく問題ではないのです。

四歳児で、足が六本もある亀を描いた子がいました。保育者は「すばらしいわよ。この足の爪」と言ってほめました。亀の足に爪があることに気づいたその子は、爪を描きたいという強い思いのあまり、足を六本にしてしまったのでしょう。子どもはいずれ亀の足は四本だということに気づくでしょう。今の時点で、それを指摘しなかった保育者の態度は正しかったと思います。

こんな言葉を！

「わあー、このうさぎ、生きてるみたいね」

「何を描いたのか教えてくれる？」

耳がそっくりね
そんなにこわく見えるの？
鼻と口が気に入ったのね

12　虫をころしちゃだめよ

アゲハチョウのさなぎをもらって、五歳児たちは大喜び。どんなチョウになるだろうかと、図鑑を出して興味津々。ある日、背中が割れてチョウが見え始めました。全員が集まってきて、じっと眼を凝らして見つめました。やがて、立派なアゲハチョウが出てきました。「すごいねえ」「よかったね」と子どもたちは歓声をあげ、全員で園庭に出て、虫かごから大空へ放してあげました。

ところが、三歳児の虫に対する興味や対応は、五歳児のそれとはまったく異なります。園庭を忙しく動きまわっているアリに興味を示した三歳児は、アリをつかまえようとして追いかけました。強くつかんだので、アリは死んでしまいましたが、気にする様子もありません。それどころか、わざと足でふみつぶしたりもします。「虫をころしちゃだめよ」と保育者が言ってもやめません。

この場合、三歳児は虫をころしているという気持ちはないようです。動いている虫を足でふむと動かなくなる。そのことが発見であり、そのことに興味があるようです。三歳児にとって虫は、〝生きている〟という感覚ではなく〝動いているもの〟と感じているようです。幼稚で興味本位ということになるのでしょう。「幼児は原始人に似ている」と言う人がいますが、原始人が手づかみで虫を捕って食べていたころの深層の記憶が、三歳児の心の底には生きているのでしょうか。

ア、アリさんを
ふんだら……
動かなくなる……
ふんだら、
アリさん
痛いのよ
ふんで
みたいけど……

こんな言葉を！

「アリさん、生きているね。ふんだら痛いよ」

今はわからなくても、やがてわかってもらうために。

13 引き出しを持っていかないの

三歳児の二、三人の子どもが、保育室の整理棚の引き出しを抜いて、隣の部屋に運び始めました。担任が「引き出しを持ってかないのよ」と声をかけても、子どもたちは「引っ越しだ、引っ越しだ」と大きな声を出して、楽しそうに運び続けました。その様子が楽しそうなので、一人二人と参加する子が増え、少したつと十人近くになっていました。

引き出しが終わると、次は、いすを運び始めました。いすが終わると、ぬいぐるみ、ブロック、積み木、絵本と手当たりしだいに運んでいきます。「引っ越しだ、引っ越しだ」の声は、ますます大きく元気になっていき、机や本棚など大きいものにも挑戦し始めました。

すべて運び出して、ようやく引っ越しは終わりました。隣の部屋には、子どもたちが運んだものが山のような量に達していました。それを見て、「やった！　やった！」という喜びの声があがりました。

子どもには意外な力がありますが、多くの場合、その力を出させないで終わらせてしまうようです。保育者が既成概念にとらわれていないだろうか。子どもの自由な発想を大切にせず、創造性の芽生えを摘みとってはいないだろうか。結果を先まわりして考え過ぎ、子どもの自立的な行動の過程を軽視していないだろうか。保育者は、改めて考えてみる必要があるでしょう。

何が始まるの？
何してるんだ？
わ～い
引っ越しだよ～♪

こんな言葉を！

「あれ。何が始まるの」

まずは、子どもの行動を見つめる態度が大切です。

14 けんかはしないのよ

けんかにも発達段階があります。

三歳児のけんかは一般的に物の取り合いが多いようです。それを使ってあそびたい、それを自分がはじめに見つけたなどで、力での奪い合いになることがあります。

四歳児になると、衝動的な物の取り合いだけでなく、自分が正しいと考える言い分があってのけんかになります。

五歳児になると、知的な面も感情面も発達してきて、子どもながら人間対人間の対立になります。ほかの子どもが加わって、一対一のけんかでなくなることもあります。しかし、まだ力の強いものが勝つという面も残されています。けれども五歳児も三学期になるころには、話し合いで、けんかが収まるといったケースも見られるようになります。

このように、子どものけんかの意味は、その成長においていろいろですから、単に「けんかはしないのよ」は明らかな禁句だと言えるでしょう。

こんな言葉を！

「あれ、けんかかな」

もちろん、何も言わなくてもよいのですが。

2章 子どもを認める、受け止める

15 どうして黙っているの

登園してきて、保育者から「おはよう」と優しく声をかけられても、無表情のままひと言も声を発しない子がいました。名前を呼ばれても返事が返ってきません。保育者が「何してあそびたいの」とか「先生とあそぼうか」とか声をかけても、やはり言葉がありません。「どうして黙っているの」と言っても、その子はひと言も口《くち》をききません。

そこで、母親と話し合いをしました。母親も無口な人でした。「園では全然口を開いてくれないのですが、おうちではいかがですか」と担任が聞きますと、母親は首をちょっと傾けて考え始めましたが、なかなか言葉が出てきません。話し合いの結果、母親自身、極端に言葉数が少ないうえに、その子は四歳児ですが二月生まれということもあり、赤ちゃん扱いされてきたことがわかりました。なんでも親が先まわりをしてやってしまい、子どもがものを言う必要がない状況で育てられてきたのです。

母親には、なるべく楽しくあそんであげること、自主性を大切に生活してもらうことをお願いするとともに、園ではあせらず無理しないで接していこうと考えました。友だちとのあそびの中で笑顔が見られるようになり、保育者の「おはよう」に答えてくれるようになったのは、二学期が始まってからのことでした。

入れてもらおうか？
どうして黙ってるの？
おもしろそうね

こんな言葉を！

「○○ちゃんが、あんなことしてるよ。おもしろそうね」

その子に直接、返事を求める言葉かけではなく、保育者との親近感を深める努力が大切です。

16 自分勝手なことをしないの

二、三歳児から四歳児にかけての行動は、大人から見て、とても自分勝手に感じられます。

保育室にあるぬいぐるみのキリンを使いたいと思ったとき、それをほかの子が使っていてもどうしても使いたくなり、いきなり「ぼくのだよ」と言って取ってしまう子がいます。「貸して」と言って相手が承知しなくても、力づくで取ろうとする子もいます。自分がそれを使いたいと思ったときに、その権利が生じるように感じて、行動に移してしまうのです。

隣の子のお弁当の中に自分の好みのものが入っていると、それを食べたくなって、取って食べてしまう子もいます。

園庭で泥水あそびをしていて「もう、お弁当にしましょう。お部屋に入りましょう」と保育者が言っても、まったく耳を貸さないで、振り向きもせずに泥水あそびを続ける子もいます。

こうした子どもたちに保育者はいらだち、「自分勝手なことをしないの」と言いたくなるでしょう。

こうした子どもたちは、まだ自己中心性が強い段階なのです。一般的に誰もが通る発達段階です。保育者は感情的にならず、子どもたちの気持ちを理解して温かく見守り、子どもの変化を待ちましょう。

返してよー！
自分勝手なことしないのよ
それはきらいなおかずだから別に……
いやだって言ってるよ

こんな言葉を！

「○○ちゃんが、いやだって言ってるよ。どうする？」

耳に入らなければ、くり返し働きかけましょう。

17 一緒に、やらなきゃだめ

同じ学年の子どもでも、その成長度合いは大きく違い、四月生まれから翌年三月生まれの子どもの生活年齢の開きは、想像以上のものがあります。また、家庭という環境において、両親の性格や養育態度が幼い子どもに及ぼす影響は、まさに十人十色という言葉通りです。

このようにさまざまな成長段階にいる子どもたちに一斉保育を実施するには、いろいろな工夫が必要です。たとえば、紙芝居を見せたい場合、「さあ、これから紙芝居をやりますよ」と言っても、すべての子どもが前を向いてくれるとは限りません。そこで、その前に手あそびや歌を指導することで子どもの気持ちを前に向かせることになります。

保育者の導入が適切であったとしても、一人か二人は、一緒にやらない子どもがいることもあります。ときには「やりたくない」と口に出して言う子もいます。保育者としては、「一緒にやらなきゃだめ」と言いたくなりますが、大きな声で強く言えば言うほど、全体の雰囲気が悪くなっていきます。

しかし、子どもは、それが楽しくて自分にもできそうだと思えれば、必ず入ってくるものです。初めは無理強いしないで、〝急がばまわれ〟と考えるべきでしょう。

こんな言葉を！

「見ていていいよ。
やりたくなったらやろうね」

18 いい子になってね

〝いい子〟とは、どういう子を言うのでしょうか。「親や先生の言うことをきく子」でしょうか。いや、どうもそれは大人の都合のように考えられます。では、「正しいことをする子」でしょうか。いや、幼児期は正しいことと正しくないことを、経験を通して身につけ理解を深めようとしている段階ですから、「正しいこと」を〝いい子〟の基準とするのは無理があると思われます。少なくとも大人は子どもに、安易に「いい子になってね」と言葉をかけるべきではないでしょう。

「友だちと仲よくしなさい」「けんかはしないのよ」「お返事はハイよ」「先生の言うことを聞くのよ」などと、入園前に親から何回も言われてきた男の子がいました。そんな言葉は忘れてあそびまわれる子だとよかったのですが、その男の子は親の言葉を頭の中にいっぱいにして行動していたようです。

園での活動、行動、あそびは、その男の子にとって、どう判断してよいのかわからない応用問題ばかりだったはずです。親の言葉に合致した行動をとろうとすればするほど、どうしてよいかわからず、その子は戸惑うばかりでした。そして、親の言葉で固められた頭は、子どもらしく、自由に、ときに自己中心的に振る舞うほかの子どもたちとは異質のもので、その子は疎外されてしまいました。

いい子にしなきゃ……
仲よく
けんかしない
きちんと
迷惑をかけない
はーい
自由でいいのよ
けんかも大事な経験

こんな言葉を！

「自分の好きなようにやっていいのよ」

真の〝いい子〟は、自由からスタートします。

19 また転んだの

子どもは大人に比べ頭部が大きいため、バランスが悪く、転びやすいものです。中には、「また転んだの」と言いたくなるほど、よく転ぶ子もいます。転んでも起き上ればよいわけですが、転んだときの状況や場所によっては、けがに結びつく危険性があります。

足をすりむいたり、手を傷つけたりする程度であれば、水洗い、消毒、そしてばんそうこうを貼るくらいで済むでしょう。ですが、ときに手足の捻挫《ねんざ》を起こすことがあります。このときは患部を冷やした後、湿布薬を貼ります。家庭にも連絡し、翌朝まで痛みが残ったり、前日より悪くなるようであれば、必ず専門医に診《み》せるように話をしておきましょう。子どもの骨は柔らかいので骨折している場合があるからです。園庭を一人で歩いていて、足がもつれて転倒し足を骨折したという事例もあります。

さらに気をつけなければならないのは、転んで顔面や頭部を打ったときです。出血があれば応急処置をしますが、何よりも内出血の有無が問題です。念のため、必ず専門医でレントゲンをとりましょう。頭部や顔面を強打したときは、しばらくその場に横にして動かさないで様子を見ることが大切です。

子どもはよく転ぶものですが、簡単に考えないで、その状態をよく見て対処しなければなりません。

だいじょうぶ？
痛いところは
ない？
湿布もあるわよ
ばんそうこう貼る？
早とちり
だったわね
アリさんの巣を
のぞいているんだよ

こんな言葉を！

「だいじょうぶ？痛いところはない？」

必要であれば処置をし、自分ですぐに起きれば、何も言わないで、しばらく見守りましょう。

20 落ち着いて、はっきり言うのよ

子どもの言葉の発達の過程で気になることの一つに、吃音（どもること）があります。特に二、三歳のころに吃音が始まる子は多く見られます。

この時期の吃音は、生理的なものと病理的なものとがあります。生理的な吃音は「話したいという欲求が強くなるにもかかわらず話す機能が整わないために起こる」と考えられます。病理的な吃音は、「一時的でなく後まで残るもの」と考えられていますが、判別がむずかしい面もあります。

いずれにしても、吃音は心理的な側面が大きいものです。いちばん大切なのは、吃音を本人に意識させないこと。吃音を矯正したり叱ったり、「落ち着いて、はっきり言うのよ」などと言い直させたり、ゆっくり言わせたりすることは避けましょう。

本人に吃音を意識させることは、吃音を治りにくくする大きな要因になります。まわりの者も本人も、吃音であることを気にかけないで、明るく楽しく生活することが、何よりも大切です。そうすれば、いずれはすっかり治ります。

参考／平井信義『育児学』（光生館）

さ、さっきね
と、と、とりさんが、
がね
そう……
指摘は
しちゃだめね
く、くもの巣にね
ひ、ひっかかってたから
た、た、たすけて
あげたんだ
まあ
やさしいね

こんな言葉を！

何も言わないことです。

21 いばる子はきらい

とても力の強い男の子がいました。自分より体の大きい子でも、一撃で泣かしてしまうのです。園の中でボスとなり、いつも数人の子どもを引きつれて自分の思うようにあそんでいました。

そんな中、「バイオマンショーごっこ」がブームになりました。階段の踊り場で男の子たちの戦い（ショー）が行われ、女の子たちがその上の階段にいすを並べて腰かけ、観客になるのです。はじめのうちは演じる男の子たちも見ている女の子たちも楽しんでいましたが、しだいに飽きて、ほかのあそびをしたくなってきました。でも、ボスが許してくれません。

数か月もそのあそびが続いたある日、一人の女の子が「やめたい」と保育者に泣きながら訴えてきました。保育者が「みんなに話してみたら」と言うと、女の子はクラスの全員の前ではっきりと自分の気持ちを発言しました。それをきっかけに、バイオマンショーは中止になり、女の子も男の子もボスから解放されました。

子どもの世界では、力による支配がよくみられます。もちろん望ましいことではありませんが、それを解決するのに保育者が「いばるのはきらいよ」と言ってしまっては、その子との信頼関係を深めるのはむずかしいでしょう。まずよい点を認め、チャンスを待って話し合いましょう。

言うとおりにしないと
なぐるぞ！
お花に水を？本当はやさしいのよね
仲よくあそぼう

こんな言葉を！

「○○ちゃんは、走るのが速いし、この前は、小さい子が転んだとき、服の泥をはたいてあげていたわね」

22 いつまで立っているの

入園後、毎日何もせず、ただ立っている三歳児の女の子がいました。無言で、ほとんど無表情で、両手をうしろに組んで立ち続けました。歌をうたったり、紙芝居を見たり、絵を描いたりするときも、ほとんど参加せずに立ち続けました。入園から三か月がたっても様子は変わらず、保育者が「いつまで立っているの」と声をかけたこともありました。

二学期が始まって、ついに友だち二、三人とあそび始めました。それは空かんを割り箸でたたくあそびでした。いくつかの空かんを中央に置いて、一人一本ずつ割り箸を持って、空かんを上からたたいたり横からたたいたりするのです。楽しそうに笑い声をあげる女の子の姿が見られました。その後、その子はしだいにいろいろなあそびに参加するようになり、五歳児の三学期には、寒風の中で友だちとなわとびあそびをする元気な子どもになりました。

子どもの発達は個人差が大きいものです。入園してきた子を、まずはあるがままに受容し、あるがままに見ることが大切です。毎日、登園してくれれば、さまざまな環境がしだいに子どもの心を動かしていくことでしょう。それには長い時間が必要な場合もあります。

こんな言葉を！

「何かしてあそぶと楽しいよ」

強く言わず、動き出すときを待ちましょう。

23 乱暴はだめ

友だちをたたく子がいます。足でけったり、爪でひっかいたり、口でかむ子もいます。物を振りまわしたり、やたらに投げたり、ほかの子が作っているものをわざとこわしたりする子もいます。

「あそび」を中心として自由な保育をしている園では、多くの場合、乱暴は一時的なものが多く、子どもたちはしだいに力をあそびに向けていくことでしょう。しかし、規則・規律のきびしい園では、その反動で乱暴が常習化していく危険があります。それを保育者がただ「乱暴はだめ」と力で押さえようとするならば、望ましい人格形成の基礎を培う保育を実現することはできないでしょう。

園での対応を見直し、しばらく様子を見ていても乱暴が収まらなければ、家庭に原因があるのかもしれません。家庭教育は、愛情と健康が基本です。保護者と話し合いをもちながら、スキンシップをはかり、体での甘えを受け入れること、物質面での要求にすぐ応えるなど甘やかしはしないこと、指示や禁止、無視や暴力などで子どもの心を拘束しないこと、家庭が温かく楽しいものであるように心がけることなどをお願いしていきましょう。

こんな言葉を！

「自分がやられたら、どうかな」

24 悪いことをしたらたたいていいの

「悪いことをしたらたたく」という家庭は、意外に多いようです。ずいぶん前の調査ですが、父母ともに子どもをたたかないという家庭は、わずか二割ほどでした。

何のためにたたくのかというと、善悪を教えることが目的のようです。しかし、たたくこと、つまり力を使って相手を痛めつける方法を使って善悪を教えるということは、大きな問題があります。まず、子どもは痛いからそのことをしないというだけで、悪いことだからしないという理解にはつながりにくいことが一つ。さらに、何より困るのは、大人のたたくという行為が「悪いことをしたら、相手をたたいてよい」ということを子どもに教える結果になってしまうことです。

三歳児は三歳児なりに、四歳児は四歳児なりに話し合うことができます。その根底にあるのは、大人も子どもも人間として対等であり平等であるということです。話が通じないからといって、大人が力を使うようなことがあってはなりません。

そもそも力を使うとき、大人は感情的に行動しています。感情的行動に暴力的行動が結びついたとき、その人間は誰からも尊敬されません。最愛の子どもから信頼を失うでしょう。

悪いことをしたからって、たたいていいのかな？
これからは話し合いで解決しよう!!

こんな言葉を！

「友だちが悪いことをしたからって、たたいていいかしら」

25 これはじょうず、こっちはへた

すべての評価には基準がありますが、その基準は保育の原点、人格形成の基本に立ち返って常に検討し実践される必要があります。特に人格の基礎が形成されている途中の幼児期においては、形式的で表面的な、あるいは数値を基準に置くような評価では、その本質を捕えることはできないでしょう。

絵を描くとか劇あそびなど保育のいろいろな場面で、「これはじょうず、こっちはへたね」などと安易に言う保育者がいますが、それを聞いた子どもがどう思うか、それによってどういう教育効果が期待されるのか、よく考えてのことでしょうか。少なくとも「へたね」と言われた子どもは、いやになって意欲が失われることは明白です。

子どもは自分が興味を感じれば、進んで参加し、意欲的に取り組み、楽しく熱中して活動します。たとえば、初めて絵の具と出会わせるときに、まずは保育者が「わあー、きれいな色がいっぱいあるわね」と、楽しそうになぐり描きをしてみてはいかがでしょう。線は自由に、前の線と重なったり交わったりはまったく気にしないで、ただただ楽しい気持ちで描きます。これを見ていた子どもたちは、「早く描きたい」と言うでしょう。そして、子どもたちは自由に思いのままに描き始めます。

こうして描きあがった絵に「じょうず」も「へた」もありません。

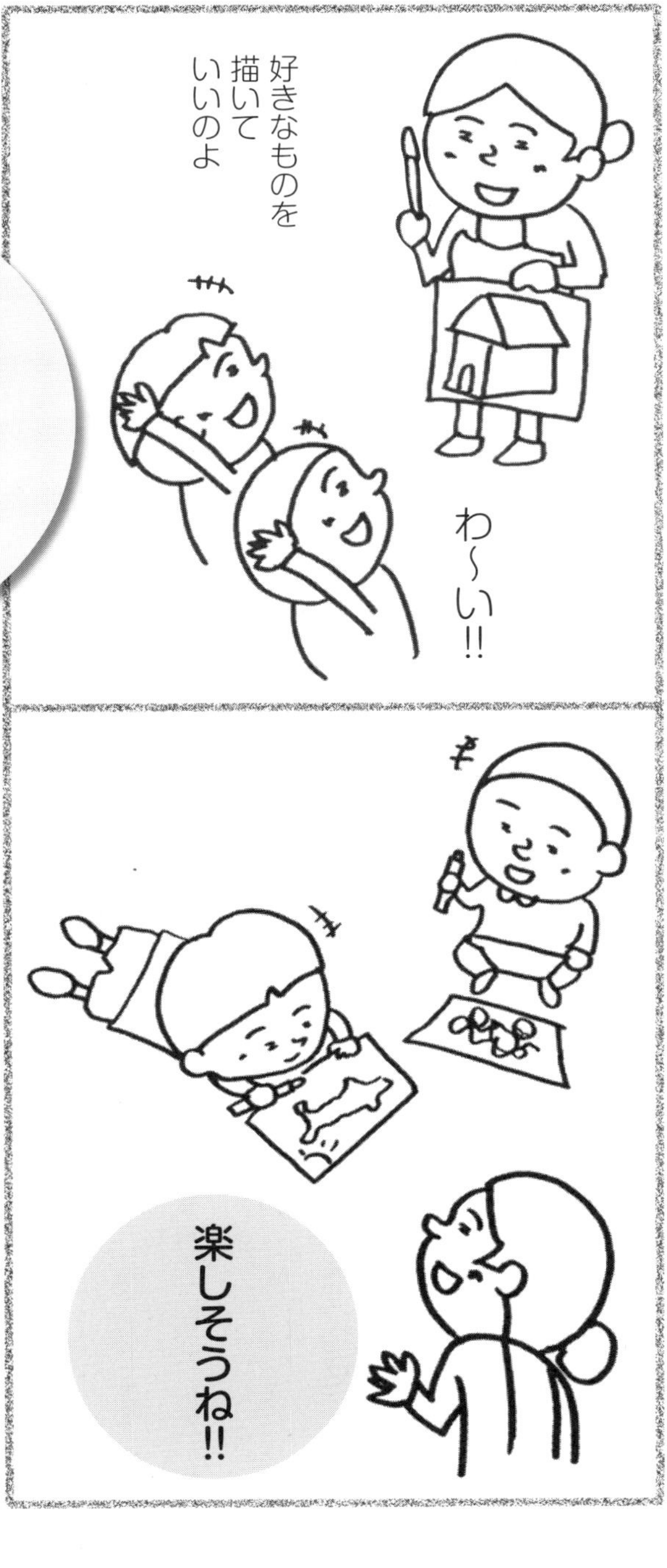
好きなものを描いていいのよ
わ～い!!
楽しそうね!!

こんな言葉を！

「みんな楽しそうね」

「すごい。すてきね」

26 砂の山は噴火しないのよ

子どもにどこまでのことができるのか、その可能性は計り知れないものがあります。砂山を作り、それを噴火させようとした子がいました。つい「砂の山は噴火しないのよ」と言いたくなりますが、なんとその子は山を噴火させたのです。

その子は長いホースを持ち出して、園庭の水道の蛇口に差し込みました。その反対のホースの先を砂山の横から入れて頂上に出しました。そして水道の水を出して、噴火に見立てたのです。水圧が低くて、水は高くは上がりませんでしたが、彼はすぐにホースの先をつまんで水を高く上げました。一緒に山を作った三人の仲間たちは「やったー」「成功」と歓声をあげました。

砂場で砂山を作ることは、ほとんど毎日、誰かがやっています。年齢に応じて、その子の発達に応じて、その子の能力に応じて、さまざまな山の形があり大きさがあり、それを取り巻く川とか池とか道とか橋とかトンネルとか、そして隣の山も、もう一つの山もあったりして、砂造形は無限に変化していくようです。その間、友だちとの協力があったり、トラブルがあったりもします。

ロバート・フルガム（一九三七〜）は『人生に必要な知恵はすべて幼稚園の砂場で学んだ』（河出書房新社）という書物を著しています。参考にしてみてはどうでしょう。

こんな言葉を！

「すごいね」

「どうやって噴火させるの」

27 がんばったね。もう終わりにしよう

私が一人で木陰に腰をおろして休んでいると、五、六人の子どもたちが私を見つけてやってきました。後ろから肩に触れたり、ふざけて私の頭を軽く突いたりしました。はじめのうちは、黙って休んでいましたが、次々に手が出てくるので、しだいに応えざるをえなくなってきました。

子どもたちは私のお返しを受けまいと、キャッキャッと言いながら逃げました。そのうちに子どもたちの手の力がだんだんに強くなっていきました。そこで私も遠慮しないで力を入れて打ち返すことにしました。それは全神経を集中して、相手に打たれないように、全力を使って相手をたたくというきびしいあそびになりました。最後の最後まで続けたのは、一人の女の子でした。

園庭に石灰で円を引いて、マラソン大会をしたことがありました。その周りを一〇〇周もまわった子がいました。またあるときは、新聞紙を丸めて棒を作り、机の上を棒でたたき続けるあそびをしました。がんばって三〇分続ける子もいました。

大人はとかく子どもを甘く見がちです。けれど、子どもにもすごい力があることを、私たちは知らなければならないでしょう。

こんな言葉を！

「すごいねえ。いつまで続けてもいいよ」

ただし、全員に強制してはいけません。

28 うそでしょう

ある男の子が、園に迎えにきた母親に「今日ね、マラソン大会をやって、ぼくが一番だったんだよ」と話しました。「え、ほんとう。すごいね」と母親はうれしそうでした。でも、それは事実ではありませんでした。ある女の子は、保育者に「先生、私ね、イルカに乗ったんだよ」と話しました。あまりに突飛な話に、保育者は思わず「うそでしょう」と言いました。女の子は「ほんとうだよ。イルカに乗って空を飛んだんだよ」と繰り返し言いました。

その女の子の母親からは次のような相談を受けました。近所の友だちの家で、おいしいケーキを食べたというので、後日、その友だちの母親にお礼を言うと、ケーキは食べていないと。「どうして、そういう〝うそ〟を言うのでしょうか」と母親は悩んでいました。

子どもは、自己中心性が強く、感情が未分化です。空想性が強く、自分の願望や空想を現実のものとして考える傾向があります。その傾向の強い子は、それをほんとうにあったこととして表現します。大人から見れば〝うそ〟なのですが、子どもはうそをついているつもりはありません。ですから、心配はいりません。子どもはいろいろな体験を重ねながら、友だちとのあそびの中でしだいに空想性を弱め、知的な面の発達と共に現実と空想、願望とが、はっきり分化していきます。

きのうお店でケーキを全部で30個食べたよ
わぁほんとう！
ぼく、飛行機をそうじゅうしたんだよ
うそでしょう

こんな言葉を！

「そう、ほんとう！」

子どもがそう思っていることを認めましょう。

29 うそを言ってはいけません

幼児のうそには、前出（p.60）の自己中心性から発する空想性のうそのほかに、自己防衛のためのうそも多くあります。

誰かが花びんを倒したとします。たまたま、それを保育者が見ていなかった場合、「先生、たいへんだよ」と誰かが知らせるでしょう。保育者が行って、「誰がやったの」と聞いたとき、「○○ちゃんがやったんだよ」と誰かが言い、名指しされた子が「うん」と言えれば、「気をつけてね」と、一件落着します。ところが、「誰かがうしろから押したからだよ。私（ぼく）は悪くないよ」と言うかもしれません。また、「ぼくじゃないよ」と完全に否定する場合もあります。これらの発言がうその場合、それは自己防衛のためのうそです。本当のことを言って厳しく叱られたり、たたかれたりした経験があると、失敗やいたずらを、正直に言いたくはありません。ときにはうそを正当化するため、さらにうそを生みます。

こうしたうそには、強い対応は避け、優しく話すようにしましょう。

こんな言葉を！

「誰にでも失敗することがあるのよ。先生だって失敗するよ」

3章
子どものしつけを考える

30 どうして先生の言うことがわからないの

いつも泥んこあそびをする子がいます。もう片づけるように保育者から言われても、なかなか泥んこあそびをやめません。「どうしたの。もう、みんな中に入りましたよ」と言われて、あわてて手足も顔も泥だらけで部屋に入っていきます。「庭の水道で洗ってこなければだめでしょ。何回も言ってるよ。どうして先生の言うことがわからないの」と言われて、しぶしぶ園庭の水道の所へ戻っていきます。

集会のとき、どうしても静かにできない子がいます。だいたいの子は静かにしているのにいつまでもおしゃべりをしたり、ふざけたり。ときには立って少し離れた子にまで手を出しに行くことも。「どうして先生の言うことがわからないの」と言いたくなります。

子どもの生活環境や家庭の状態は一人ひとり大いに異なりますから、はじめからみんなが保育者の指導を一様に受けとめて理解してくれるとは限りません。何回か言うとわかる子もいれば、何回言ってもわからない子もいます。

しかし、それぞれにそうさせている原因があるように思われます。どうしてもわかってもらいたいことは、子どもを愛する姿勢で長い時間をかけながら、根気強く伝えていく必要があります。保育者が感情的になって叱ってみても、何の解決にも結びつかないでしょう。

こんな言葉を！

「先生がなんて言ったか、思い出してみてくれる？」

優しく目と目を合わせて言いましょう。

31 よけいなことしないでいいのよ

五歳児が三歳児の部屋に来てあそんでくれることがあります。五歳児がブロックや積み木を使って何かを作り始めると、三歳児は目を輝かして見入ります。ときどき三歳児も手を出して一緒に作ったりします。五歳児はそれを受け入れることもあれば、「だめだよ」と拒否することもありますが、たいていは小さい子の面倒を見るという姿勢で、大きい子らしく寛大にふるまっているようです。

昼食の時間になると、あそんだものを片づけることになりますが、五歳児が二、三人いるかいないかで、片づけの速度が全然違います。五歳児は実に手早く、たちまち片づけが終わります。保育者もさすがと思って、「ありがとう」とお礼を言うことでしょう。

すると五歳児は気をよくして、次は三歳児のお弁当のしたくをしてあげます。園かばんから、お弁当を出してあげたり、箸を並べてあげたり、中には、食べさせてあげるほどのサービスぶりです。よごれた服を着替えさせてあげたり、鼻水をかんでやったりする子までいます。

あまりのことに保育者は「よけいなことしないでいいのよ」と言いたくなります。

五歳児のやり過ぎが気になるときは、五歳児の担任と相談し、五歳児と三歳児のかかわりを大切にしながら、五歳児の気持ちを伸ばす方向で、指導の実際を検討しましょう。

優しいのね
(でも、そこまでしたら、その子がだめになっちゃう……)
くつを並べておいたよ
いつもサンキュ~
ハッ!私も彼に同じことを!!

こんな言葉を!

「ありがとう。優しいのね」

32 誰とでもあそぶのよ

特別に気が合うのか、いつも二人であそんでいる女の子がいました。砂場あそびもブランコもままごとあそびも、いつも二人だけであそんでいました。五歳児の後半になってもその状態が変わらなかったため、意図的にグループあそびをさせたところ、少しずつ人間関係が広がっていきました。

反対に、顔を合わせればいがみ合い、「おまえなんか大嫌いだ」とか「むこうであそべよ」などと言い合う二人の男の子がいました。二人は、毎日のようにけんかをしていましたが、五歳児の終わりには、何となく一緒にあそぶようになり、友だちらしい関係もできてきました。

子どもの世界にも、さまざまな人間模様があります。友だちの好き嫌いという関係を大きく左右しているのは、幼児の自己中心性にあるようです。三歳、四歳、五歳と、自己中心性が弱まるに従って、対立より協調の楽しさが理解されるようになります。そして、グループあそびの楽しさがふくらむにつれ、一対一のいさかいは弱まっていくようです。

誰とでもあそべるには、長い時間と人間の発達が必要のようです。

誰でも仲間に入れてあげよう楽しいわよ
おままごと～
ごはんよ～
早く～
役割分担しないと!!

こんな言葉を！

「誰でも仲間に入れてあげましょう」
「違う子とあそぶのも楽しいよ」

33 自分で着替えられないの

入園後、園生活が安定してくるとともに、衣服の着脱など、いろいろな生活習慣も少しずつ身についていきます。こうしたことを指導する保育者は、「自分で着替えられないの」といった言葉かけで、それをやらなければならないとか、できなければならないという意識を子どもにもたせるのではなく、自分でできたという喜びを感じさせることが大切です。

そのためにも、ひも結びがある服は原則として避けましょう。うしろにボタンがあったり、ファスナーがあるものも子ども一人ではむずかしいでしょう。袖先にボタンをはめるものも子どもには不適当です。上下が一つになっているつなぎズボンも、トイレに行くときにやりにくそうです。

このように、衣服は着脱が自分でやりやすいかどうか、子どもの生活に適しているかどうかを十分に検討し、子どもの発達にマイナスにならないよう配慮する必要があります。

特に三歳児では、できるところまでは自分でやらせるようにすると、その喜びを糧に一歩一歩上達していきます。シャツをうしろ前に着たとか、ボタンに一つかけ残しがあったとか、靴が左右反対であったなど、たとえ不完全であっても、自分でできたということを認め、その喜びを共感することが大切です。

やった！
自分で着替えできたよ！
すごいねー
一人でできたね
あれも着てみたい！
いや、あれは……ああいう生きものというか……

こんな言葉を！

「できるところまでがんばってみて」

34 こぼさないで食べなさい

食事のとき、いすから立たない、ふざけない、静かに食べる、残さない、こぼさないなど、注意すべきことはたくさんあるかと思います。でも、はじめからいろいろと注意を並べないで、まずは楽しく食べることを第一に考えるべきでしょう。

特に「こぼさないで食べなさい」と厳しく指導することは、どうかと思います。五歳児になればこぼす子は少なくなりますが、四歳児では三分の一くらい、三歳児のはじめでは半数くらいはこぼすでしょう。いずれにしても、三歳児では半年か一年前くらいまでは親に手伝ってもらって食事をしていたのですから、こぼしてあたりまえくらいに考えていたほうがよいと思います。たとえぽろぽろこぼしたとしても、自分一人で食事ができるだけでも大きな進歩です。

どんなにゆっくりでも、毎日お弁当や給食を楽しみにしておいしく食べられれば、こぼすくらいは大目に見なければならないでしょう。

ちなみに、こぼした後片づけは、三歳児では保育者がすることになるでしょうが、手伝ってくれる子がいれば望ましいことです。全員で後片づけができれば理想的ですが、強い力で呼びかけての無理は禁物です。この時期は、とにかく、楽しく食べる習慣をつけていきましょう。

こんな言葉を！

「おいしそうなものが入っているね」

楽しい食事をしながら発達を待ちましょう。

楽しく食べているみたいだし……
それでね
あのね
大人も同じようなものね
そうなの
それでね

35 まだ自分の所がわからないの

自分の所持品を入れるべき所にしまうということは、大切な「しつけ」の一つです。シールを貼るなどして各自の場所を決めても、なかなか理解できない子や間違いをくり返す子がいます。保育者が、自分の所持品を入れるべき所にしまうという「しつけ」にこだわっていると、「まだ自分の所がわからないの」と、大いに困惑することになります。

そんなときは、少し考え方を変えてみてはいかがでしょう。

ある保育者は、昼食の机の並べ方をいつもと変えてみました。子どもたちは、ちょっと戸惑ったようでしたが、どこへ腰かけようかと楽しくなってきました。その後、子どもたちに机を並べてもらうようにしたら、毎日、工夫して違う並べ方をするようになりました。いろいろな考えが出て、机の並べ方を話し合う日もありました。

この保育者は、靴箱に目印のシールを貼ることもやめてみました。はじめは戸惑う子もいたようですが、靴をどこに入れてもよいということは、拘束されずに、どこにでも入れたい所に自由に入れてよいのですから、慣れた後は、子どもたちには好評のようでした。

自由は、自主性、創造性につながります。

机を好きなように
並べて食べよう
カッコイイ〜！
馬の形〜
できた〜！
どこに座ってもいいよ

こんな言葉を！

「自分の所がわかるかな」

三歳児なら優しく見守ってください。

36 そんな悪い言葉は使わないのよ

集団に入ると言葉が悪くなると、よく言われます。実際、入園後、一定の時間がたって子どもが安定し、友だち関係が広がって元気にあそび始めるのと並行して、「バカ」「あほう」「ウンコ」「オナラ」などの言葉がはやり始めます。

いわゆる〝悪い言葉〟は、何か元気があって格好がよさそうに思えて、覚えると使いたくなるものです。それが一過性に終われば、問題はありません。大切なのは、保育者や両親がよい言葉を使っているかどうかです。愛情に満ち、信頼関係のある保育者や両親が美しい言葉を使っていれば、友だちからの言葉の影響は一時的なものとして消えていきます。

ある園で、「ウンコ」「オシッコ」「オナラ」という言葉が園児の間で爆発的に流行したことがありました。保育者は「そんな悪い言葉は使わないのよ」と、それを禁止しました。ところが、子どもたちは禁止されるとなお言いたくなるのか、昼食のとき、「ウンコ」「オシッコ」「オナラ」の大合唱が始まる始末。これが園内で沈静化するのに長い時間がかかりました。

そこで、二、三年後に再び流行したときは、それを禁止するどころか、園長も一緒になって「ウンコ」「オシッコ」「オナラ」と楽しそうに合唱しました。結果、一週間で、流行は収まりました。

こんな言葉を！

「先生（お母さん）は、そういう言葉はきらいよ」

37 ふざけちゃだめ

絵の具で絵を描いているとき、一人の男の子の腕に絵の具がつきました。つけられた子は自分でも腕に絵の具をそっと塗ってみて、何だか楽しくなりました。そして、左腕を黒く塗っていきました。それを見ていた子が「塗ってやろうか」と手伝い始めました。手足、そして顔も黒く塗り、目と口のまわりは白く丸く描きました。みんなそれを見て、とても楽しくなって笑いました。保育者は「ふざけちゃだめ」と言いましたが、ときすでに遅く、その子はインディアンになって踊り始めました。

一人の女の子が園庭で転んで顔面を打ち、保健室で軽い治療を受けました。たいしたけがではなかったのですが、少しショックを受けたためか、しょんぼりベッドに横になっていました。すると、仲よしの二人の女の子が空缶を棒でたたき、「だいじょうぶかい、だいじょうぶかい♪」とうたいながら保健室に入ってきました。けがをした女の子の表情は、一変して明るくなりました。そして、三人で並んで空缶をたたき、「だいじょうぶかい、だいじょうぶかい♪」と歩いていきました。

子どもは自由な雰囲気の中で、楽しさ、明るさ、ふざけ、おどけといった面を見せてくれます。「ふざけちゃだめ」などの言葉で、子どもが本来もつユーモアの芽をつぶさないようにしたいものです。

楽しそうね
だいじょうぶかい♪
だいじょうぶかい♪

こんな言葉を！

「楽しそうね。先生もやってみたいわ」

絵の具で体を塗るような場合は、機をみてやめさせましょう。

38 人の迷惑になるでしょ

五、六月になって気温が上がり、水あそびがさかんになるころ、すべり台の踊り場や二階の回廊などの高い所から水を落とすあそびが始まります。当然、「そんな所から水を流したら、下にいる子の迷惑になるでしょ」と言いたくなります。中には、誰かが下を通るのを待っていて水を落とす子もいます。頭から水がかかって泣き出す子がいないわけではありませんが、水落としをやっているかどうかは見ればわかるので、遠まわりをすれば水にかかりません。水にかかっている子たちは、むしろ自分から喜んで、その下にいっている場合が多いのです。つまり、水がかかって迷惑に感じる子がいる反面、子どもたちが自主的に考え出した楽しいあそびでもあるわけです。

あそびの創造は、極端な危険のない限り許容するのが、自由あそびの原則です。

ただ、やっている子は楽しいけれどほかの子には迷惑がかかる場面が、あそびの中にたくさんあります。たとえば、ブロックや積み木を次々に長くつなげていくと、室中を占領する形になったりします。こうしたとき、保育者が一方的に「迷惑だから」とやめさせるのはいかがなものでしょう。両者を生かす方法を考えることが大切です。

保育者が解決策を先に出さないで、多少の対立はあっても、子どもたちで問題を解決させていきましょう。

水流すよ〜
迷惑にならないかなー？
その場所は、邪魔にならないかな？

こんな言葉を！

「誰かの迷惑になっていないかな」

と、子どもたちに考えさせてみてはどうでしょう。

39 チェンチェイじゃないのよ

子どもの言葉の習得は個人差が大きく、特に三歳児までは、環境の違いや、周囲の人からの刺激の多少によって、その差異が大きいようです。

また、「先生」を「チェンチェイ」、「さかな」を「チャカナ」、「いただきます」を「イタラキマス」、「三輪車」を「チャンリンチャ」「そうじゃないよ」を「ドウジャナイヨ」などと言うような、いわゆる赤ちゃん言葉も、三歳児ごろまでは多くみられます。

これらの赤ちゃん言葉は、集団の中に入ると、自分の言葉がおかしいらしいということがわかり始め、しだいに直っていくようです。

ですから、保育者や親が言い直しをさせたり、「チェンチェイじゃないのよ」など注意したりして意識させることは禁物です。言葉をしだいに自分のものにしていく過程の中で、しぜんに修正されていくものです。

三歳を過ぎたら周囲の人は赤ちゃん言葉を使って話しかけることをやめ、正しい発音をしていくことがよいでしょう。

お魚は
体にいいから
ちゃんと
食べようね
オチャカナ
きらーい
あっ
おさかな
だった

こんな言葉を！

「せんせいのくつ、取ってくれる？」

矯正をせず、自分から気づくようにしましょう。

40 危ない！ やめなさい

子どもたちがブランコであそぶ中で、ブランコが前方に来たとき、両手を離して飛び降りています。慣れてくると、もっと遠くへもっと遠くへと挑戦しています。初めて見たときは、とても危険に感じ、「危ない！ やめなさい」と言いたくなりました。

ですが、子どもの様子を観察していると、気が進まない子、自分はできないと思っている子は挑戦していません。初めて挑戦する子は、きわめて慎重にやろうとしています。

子どもは自分の判断で自分の力に応じて、無理をせずに挑戦しているのです。つまり、自由あそびの中で、自分の意志で行われるブランコの飛び降りは、ほとんど危険性がないことが理解できます。

子どもは経験を重ねることによって、危険か危険でないかが的確に判断できるようになります。危険に感じることをすべてやめさせていては、子どもの判断力が育ちません。むやみに「危ない！ やめなさい」ということは避けるべきだと思います。

もちろん、子どもの活動は現実に何が起こるかわかりません。あそびによってはマットを敷くように指導したり、いきなり無茶なことをする場面では一時ストップさせたりなど、本当の危険が予測される場合は、事前に防ぐ必要があります。

こんな言葉を！

「無理をすると危ないよ」

ほんとうに危険な場合は、言葉をかけるより先に、止めることが大事です。

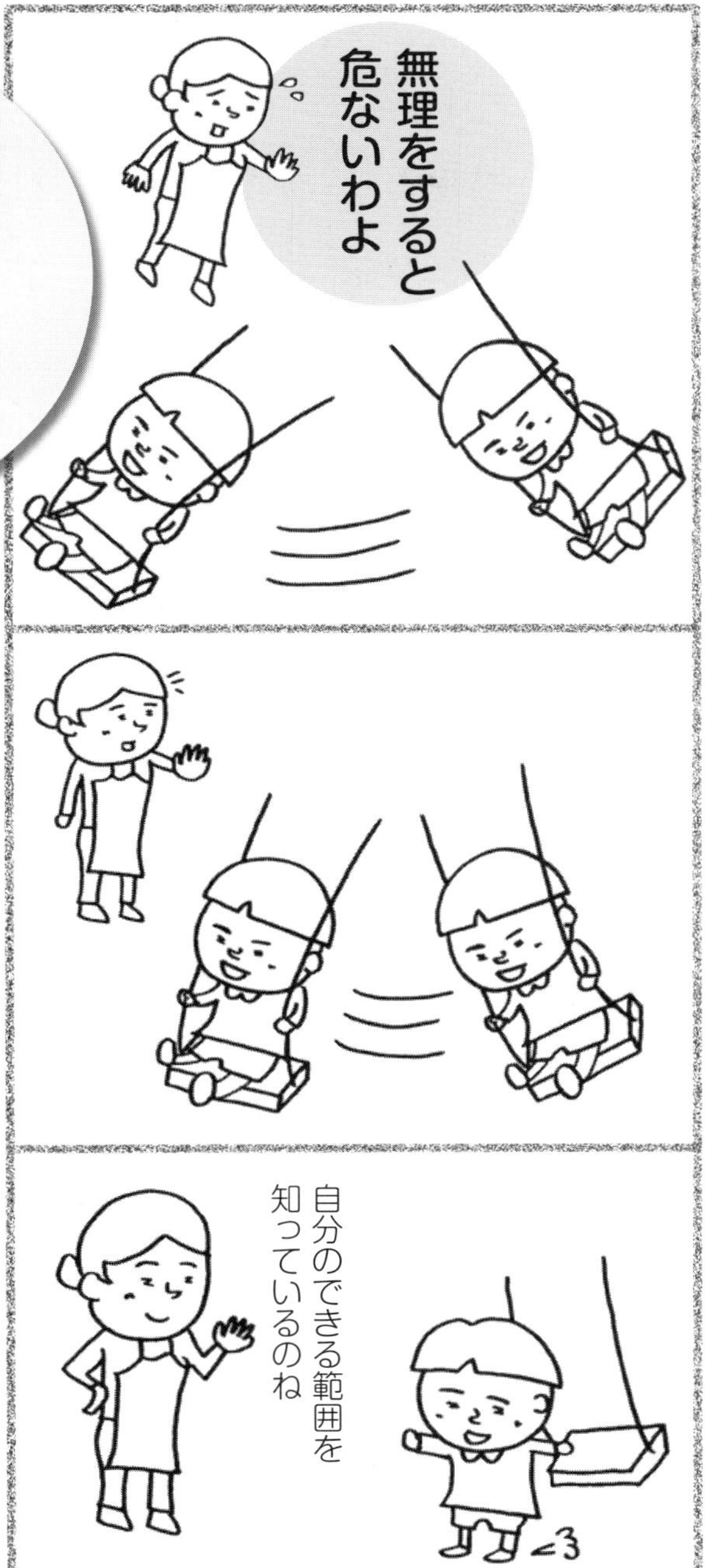
無理をすると危ないわよ
自分のできる範囲を知っているのね

41 だめ、だめ、だめ

「すべり台を反対から上がると危ないからだめよ」

「ブランコから飛び降りたらだめよ」

「砂を投げたらだめよ」

「水を出しっぱなしはだめよ」

「階段をかけて上がっちゃだめよ」

「だめ、だめ、だめ、だめ」の連発は、いつまで書いても終わりません。


もちろん、これらの注意がすべて誤りというのではありません。問題なのは、「だめ」と禁止の言葉を安易に使うことです。子どもは、禁止（裏返せば指示）の言葉にとり囲まれては、楽しいあそびを創造することはできません。

なぜ子どもがそのような行動を起こすのか。その行動は禁止しなければならないことか。それを禁止することが正しい指導といえるのかなど、さまざまなことを考えたうえで禁止するべきだと、常に心にとめておいてほしいと思います

幼児を温かく見つめ、幼児が自分で考え自分の力で伸びる生活を援助したいものです。

水を出しっぱなしにして、どうかな？

水がもったいない

こんな言葉を！

「そんなことをして、どうかな」

この言葉かけには、子どもに、そのことについて考えさせようとする意図があるだけでなく、子どもに理があれば、それを認めようとする保育者の態度が示されています。

42 絶対に投げちゃだめよ

手当たりしだいに物を投げたがる子がいます。積み木、ブロック、ねんど、ままごと道具、ぬいぐるみ人形、ときには園児用のいすを投げたりすることがあります。多くは遊びとして、悪意なく投げているのですが、しだいにエスカレートしてけんかのようになることもあります。

明らかに攻撃的に、誰かをめがけて投げることも出てきます。いずれにしても、物を投げるという行為は非常に危険ですから、「絶対に投げちゃだめよ」と声を大きくして叫ぶことはあるでしょう。

一方で、スポーツの中に、槍投げ、砲丸投げ、円板投げなどがあるように、物を投げる行為は、人間の行動の中で本能的なものにつながるのかもしれません。

そこで、子どもの投げたいという気持ちを実現させるあそびを指導してはどうでしょうか。

園庭で、新聞紙を丸めた玉を遠くまで投げるあそびや、的に投げて当てるあそびもよいでしょう。物を投げたがる子どもの中には、こうしたあそびに優れた力を出すことによって、生活態度が改善された事例もあります。

物を投げることを「だめなこと」と決めつけて禁止するよりも、楽しい経験を通して、成長とともに変わっていくことを期待しましょう。

こんな言葉を！

「投げてもいいもの、なーんだ」

〝止めるのが先〟な場合もあります。

え〜い
ちょっと待って！投げてもいいものなーんだ？
よ〜く考えてみて
投げてもいいもの？う〜ん……
あたり
ボール！

43 誰ですか、静かにしてね

みんなで集まって何かをしようとしているのに、隣の子とおしゃべりをする子、突っついたり突っつかれたりしてふざける子、立ち上がって別の子の所へ何かしにいく子がいます。「誰ですか、静かにしてね」と言っても、なかなか静かになりません。

その原因を考えてみましょう。まず、子どもたちを自由にあそばせる時間が短かったことで、子どもたちがもっとあそびたいという心身の状態であれば、一斉活動をすること自体に無理があったということになります。または、保育者の性格や指導に問題があったという場合も考えられます。

保育者と子どもとの信頼関係ができていないと、保育者と子どもとの関係がうまくいきません。保育者が情緒不安定であったり、一生懸命のあまり心にゆとりがなく叱りがちであったり、指示や禁止が多いと、子どもは保育者に安心感をもてず、慕う気持ちが生まれてきません。

また、初めて一斉活動を経験させるころに、「集まると楽しいことがある」と、子どもたちに思わせることも大切です。はじめは短い時間で、子どもたちにとって楽しい内容を選び、「もう一回」という声が出るような保育をしたいものです。そうすれば、集まったときに、子どもたちのほうから静かになって待っていてくれます。

それじゃあ
みんな
好きなこと
しようか？
さんはい
思う存分
あそばせたら
言うこと
聞いてくれたわ
お〜♪
あ〜♪

こんな言葉を！

「みんなあそびたいようですから、好きなことをしてあそぶことにしましょう」

（ほかの保育者に頼めれば）

「紙芝居を見ても、外であそんでも、どちらでもいいですよ」

44 早く、あやまりなさい

砂場であそんでいるときに、スコップなどが隣の子に当たってしまうことがあります。ボールあそびをしているときに、ボールが誰かに当たってしまうこともあります。友だちが作っていた積み木の城にぶつかって、こわしてしまうこともあります。

やられた子は「○○ちゃんがやったー」と大声で泣き出すこともあるでしょう。あそびの中では、さまざまなトラブルが起こります。

こうしたときに、保育者はどう接し、どう指導したらよいのでしょう。「どうしたの。やった人は、早く、あやまりなさい」などと、保育者がすぐに結論を出してしまうのは果たして望ましい指導と言えるでしょうか。

原則的には、子どもたちが自分で解決することが最上です。ですから、結果から見て、誰がよいとか誰が悪いとか決めつけ、悪いと思われる子をあやまらせて終わり、というのでは問題が残ります。どういうことから始まって、何が起こったのか。そのときの子どもの気持ちや考えはどうだったのか。今日だけのことではなく、今までのその子たちの人間関係はどうだったのかなどを考慮に入れたうえで、保育者がかかわるべきかどうか決めましょう。

砂を目に入れた
わざとじゃないよ!
自分たちの解決にまかせようかしら
うん
さっきひろったピカピカの石をあげるからさ、ゆるして
本当にキレイ!! 私もほしい!!

こんな言葉を!

「どうしたのかしら。だいじょうぶかな」

トラブルが起きたとき、まずは直接にはかかわらない言葉かけをしてみましょう。そのときの子どもの気持ちと、今後の行動が大切です。

●原作　豊田君夫

氷川幼稚園園長54年間。大妻女子大学非常勤講師12年間。
日本創作ゲーム協会理事長9年間。
＜主な著書＞
『発達段階による３・４・５歳児の劇あそび集』『楽しいおにごっこ78』『３・４・５歳児の遊びを中心とした保育カリキュラム』（共著），『これだけは知っておきたい保育の禁句・保育の名句』『お母さんのための子育ての禁句・子育ての名句』（以上，黎明書房）他。

●構成　グループこんぺいと

保育現場をもちながら企画・編集するプロダクション。東京都世田谷区において，子どものスペース「台所のある幼児教室」を運営。幼児の発達にかかわるノウハウを活かし，シニア向けや介護に関わる編著書も多数。
＜主な編著書＞
『今すぐ使えるクラス運営のアイディア12か月＆とっておきのスキル』『発表会はこれで完璧！　０～５歳児のカンタン劇あそびＢＥＳＴ13』『シニアのための大笑い！ マジック36』（以上，黎明書房）他。ホームページ：http://www.compeito.jp

●イラスト　カキフライ

フリーのイラストレーター。自ら制作したＤＶＤやオリジナルグッズも好評。
YouTube：https://www.youtube.com/user/haijimovie
仕事のご依頼：teuritiket@yahoo.co.jp

マンガでわかる　保育《ほいく》の禁句《きんく》・保育《ほいく》の名句《めいく》

2014年５月１日　初版発行
2016年９月25日　３刷発行

原作者　豊《とよ》　田《だ》　君《きみ》　夫《お》
構　成　グループこんぺいと
発行者　武　馬　久　仁　裕
印　刷　舟橋印刷株式会社
製　本　協栄製本工業株式会社

発行所　株式会社 黎《れい》 明《めい》 書《しょ》 房《ぼう》

〒460-0002　名古屋市中区丸の内3-6-27　EBSビル
☎052-962-3045　FAX 052-951-9065　振替・00880-1-59001
〒101-0047　東京連絡所・千代田区内神田1-4-9
松苗ビル4F　☎03-3268-3470

落丁本・乱丁本はお取替します。　ISBN978-4-654-06093-1